Anonym

Religiöse Toleranz im Mogulreich in den Jahren 1556-1707

Wie hat sich die Toleranz gegenüber der Sikhs während der Mogulherrschaft entwickelt?

GRIN Verlag

Bibliografische Information der Deutschen Nationalbibliothek:

Die Deutsche Bibliothek verzeichnet diese Publikation in der Deutschen National-
bibliografie; detaillierte bibliografische Daten sind im Internet über http://dnb.d-
nb.de/ abrufbar.

Impressum:

Copyright © 2015 GRIN Verlag, Open Publishing GmbH
Druck und Bindung: Books on Demand GmbH, Norderstedt Germany
ISBN: 978-3-668-00518-1

Dieses Buch bei GRIN:

http://www.grin.com/de/e-book/301889/religioese-toleranz-im-mogulreich-in-den-
jahren-1556-1707

Lehrstuhl für Religionswissenschaft

Fakultät für evangelische Theologie

Ruhr-Universität Bochum

Studiengang: BA Religionswissenschaft

Modul: MR07: Vertiefungsmodul „materiale Religionsgeschichte"

Lehrveranstaltung: Einführung in den Sikhismus

Semester: Wintersemester 2014/15

Hausarbeit als Modulprüfung

im Modul MR 07

Religiöse Toleranz im Mogulreich in den Jahren 1556-1707

Fragestellung: Wie hat sich die Toleranz gegenüber der Sikhs während der

Mogulherrschaft entwickelt?

Eingereicht am:

29.01.2015

Studienfächer: BA Religionswissenschaft und Linguistik

Fachsemester: 5.

Inhaltsverzeichnis

1.Einleitung

Die vorliegende Arbeit befasst sich mit dem Thema der religiösen Toleranz während der Mogulherrschaft, angefangen mit der Herrschaft Akbars, die auch als Blütezeit des Mogulreichs gilt. Am Anfang der Arbeit werde ich einen kurzen Überblick der gesamten Mogulherrschaft geben. Danach werde ich auf die Lage nichtmuslimischer Religionsgruppen und der Sikhs eingehen. Dabei unterscheide ich zwischen der Blütezeit unter Akbar, der Herrschaftszeit Jahangirs und Shah Jahans und als letztes die Herrschaft Awrangzebs, die bis 1707 ging, um die Entwicklung in diesen Phasen deutlich zu machen. Weiterhin möchte ich auf die politische und religiöse Entwicklung eingehen, wie Herrscher des Mogulreichs speziell mit Sikhs umgegangen sind, da sich der Sikhismus während der Mogulherrschaft verbreitet hat und sich die religiöse und politische Toleranz im Mogulreich mit jedem neuen Herrscher veränderte, ist es sehr interessant dies zu vergleichen. Hierzu werde ich auch die Sicht auf den Hinduismus miteinbeziehen, da es zu dieser Zeit kritisch war, Hindus und Sikhs voneinander zu trennen, bzw. einige Herrscher nicht wussten, dass sich Sikh Gurus zum Sikhismus bekannten. Im Fazit werde ich diese Punkte kurz zusammenfassen und dann die Fragestellung „Wie hat sich die Toleranz gegenüber der Sikhs während der Mogulherrschaft entwickelt?" beantworten.

2. Die Mogulherrschaft

Nach dem Tod seines Vaters wurde Babur Anführer in Andijan, wo er von rivalisierten Familienmitgliedern vertrieben wurde. Aufgrund seiner timuridischen Abstammung hatte er jedoch das Recht auf ehemalige Gebiete, die unter Timur standen und wurde somit Herrscher in Kabul. Um sich einen Eindruck von Indien und seiner aktuellen politischen Lage zu machen, unternahm Babur vier kurze Feldzüge und machte die Erkenntnis, dass das Delhi Sultanat, welches vom Lodi Stamm regiert wurde, in sich zerrissen war.[1] Babur nutzte die Situation und eroberte 1525/26 die Gebiete von

---

1 Conermann, Stephan: Das Mogulreich, München: C.H. Beck, 2006, S. 11 f.

Lahore bis Panipat, wo er den Lodi Sultan Ibrahim durch die Kunst des Kanonengießen vor Ort besiegte.[2] Somit gründete Babur das Mogulreich mit den Zentren in Delhi und Agra. Seine Herrschaft begann mit der Eroberung 1526 und endete 1530, wonach sein ältester Sohn Humayun an die Macht kam.[3]

Humayun zog gegen die afghanischen Stämme in den Krieg und befreite Bengalen. Als er mit seinen Truppen zurück nach Agra zog, wurde Humayun von Shar Khan, dem afghanischen Stammesführer, aufgehalten und zum Unterzeichnen des Friedensvertrags gezwungen. Nachdem der Friedensvertrag abgeschlossen war, wurde das Zeltlager Humayuns nachts hinterlistig von den Afghanen überfallen. Humayun floh bei diesem Überfall 1540 nach Qavzin, welches sich unter safawidischer Herrschaft befand. Um dort Zuflucht suchen zu dürfen, musste er sich zum Shiitentum bekennen. Somit bekam er die Unterstützung der Safawiden und ihm wurde eine Truppe zur Verfügung gestellt, damit er seine Gebiete zurückerobern konnte. 1555 nahm Humayun mit dieser Truppe Lahore wieder ein, jedoch starb er bereits 1556 bei einem Unfall.[4]

Als Humayun auf der Flucht vor den Afghanen war, wurde 1542 sein Sohn Akbar geboren, der in Afghanistan aufgewachsen ist.[5] Er kam mit 13 Jahren an die Herrschaft des Mogulreichs und konsolidierte sein Reich durch Kriegszüge und durch Heiratspolitik.[6] Akbar heiratete die Tochter des Rajputenfürsten von Amber und hatte sich so zum Fürsten der Rajputen gemacht, jedoch zwang er sie nicht zu einer Konversion zum Islam. In den 1560/70er Jahren eroberte Akbar Gujarat und Bengalen. Durch seine erfolgreichen Feldzüge hatte er mit 34 Jahren aus dem Mogulreich ein Großreich gemacht.[7]

Weiterhin führte Akbar die Zentralverwaltung des Mogulreichs ein, bei dem

---

2 Rothermund, Dietmar: Geschichte Indiens, München: C.H. Beck, 2002, S. 36 f.
3 Conermann 2006, S. 13 f.
4 Ebd., S. 14 ff.
5 Kulke Hermann & Rothermund, Dietmar: Geschichte Indiens, 2. Aufl., München: C.H. Beck, 2010, S. 254 ff.
6 Ebd., S. 256 f.
7 Ebd., S. 257.

der Herrscher das Zentrum ist und alle Entscheidungen mit seiner Zustimmung in Kraft treten. Außerdem wurde er zum Rechtssprecher, welches normalerweise die Aufgabe des Religionsgelehrten war. Da er nach einiger Zeit jedoch erkannte, sich nicht um alles kümmern zu können, gründete Akbar ein zentrales Verwaltungsapparat von Ministern. Der *wakil*, der sogenannte Premierminister, war seine rechte Hand und stand in direkter Verbindung zum Herrscher.[8]

Nach dem Tod Akbars 1605 kam sein Sohn Jahangir an die Macht. Jahangir führte die von seinem Vater eingeführten Bräuche und administrativen Ordnungen weiter fort. Sein Interesse an Kunst und Literatur führte dazu, dass er Dichter und Gelehrte an seinen Hof holte. Er selbst verfasste die *Tuzuk-i Jahangiri* auch *Jahangirnama* genannt, seine Autobiographie, die er nach dem Vorbild Baburs gestaltete.[9]

Sein Sohn Khusraw akzeptierte Jahangirs Herrschaftsstil nicht, weswegen er 1607 den Hof verließ und mit einer eigenen Truppe Lahore belagerte. Bevor dies geschah, holte sich Khusraw den Segen des Sikh Guru Arjan Singh, welcher sowohl für Sikhs als auch für Muslime ein wichtiger Heiliger war.[10] Khusraws Truppe wurde in Lahore bekämpft und er selbst wurde während der Flucht vor Jahangir gefasst und 1622 von seinem Bruder, ermordet.[11] Jahangir starb 1627 und es kam zu Streitigkeiten um die Nachfolgerschaft. Der Wesir sandte eine Nachricht an Shah Jahan und zögerte die Wahl des Nachfolgers hinaus, sodass dieser zum Nachfolger ernannt wurde.[12]

Shah Jahan regierte 1628 bis 1659 das Großreich. Da er auch zu Lebzeiten seines Vaters Feldherr war und das Mogulreich durch die Eroberung des Gebiets Dekkhan ausdehnte, war er aufgrund der militärischen stärke seiner Truppe nach Akbar einer der wichtigsten Mogulherrscher.[13] Folglich war das Reich so groß wie noch nie, es *„[...] reichte von Sind bis nach Brahmaputra*

---

8 Conermann 2006, S. 44 f.
9 Ebd., S. 76 ff.
10 Conermann 2006, S. 80.
11 Ebd., S. 81.
12 Ebd.
13 Kulke & Rothermund 2010, S. 263.

und von Balkh bis zu den Südgrenzen des Dekkhans."[14] Weiterhin hatte das Reich durch die Expansion und der Zunahme der dekkhanischen Provinzen um 20 Prozent höhere Einkommen als vor 25 Jahren. Deswegen konnten Reserven gebildet und damit große Bauvorhaben finanzieren werden, wie zum Beispiel das Taj Mahal.[15]

Nachdem 1657 Shah Jahan erkrankte, kam es zum Streit zwischen den vier Söhnen des Herrschers. Awrangzeb, der eine konservative Einstellung hatte, gewann diese Streitigkeiten und wurde Nachfolger des Herrschers, obwohl dieser noch nicht verstarb. Awrangzeb räumte seine Brüder aus dem Weg und sperrte 1658 seinen Vater in Agra ein, welcher erst acht Jahre danach starb.[16]

Das Reich expandierte unter dem neuen Mogulherrscher weiter aus. Jedoch hatte Awrangzeb das Problem, dass das Reich unbeherrschbar wurde. Es kam zu zahlreichen lokalen Aufständen und bei jedem Aufstand musste Awrangzeb zum jeweiligen Gebiet und den Frieden wieder aufstellen.[17] Während diesen Aufständen sagte sich sein Sohn Akbar von ihm los und schloss sich den aufständischen Marathen an. Er ernannte sich zum Großmogul und wollte mit der Unterstützung der Marathen und Rajputen seinen Vater absetzen und das System von Akbar dem Großen wieder aufnehmen. Jedoch gewann Awrangzeb die Gegenüberstellung mit dieser Truppe und eroberte auch die Sultanate von Golkonda und Bijapur.[18] Nach dem Tod Awrangzeb 1707 in Aurangabad kam sein Sohn Muazzam, auch Bahadur Shah genannt, an die Macht.[19] Er regierte von 1707 bis 1712 und konnte den Zerfall des Reiches durch die Aufstände der Marathen nicht mehr aufhalten.[20] Jahandar Shah, der Sohn Bahadur Shahs, hatte das Mogulreich nur ein Jahr geführt. Dieser wurde im Kampf gegen Farrukh Siyar geschlagen, floh nach Delhi und wurde dort gefangen und hingerichtet.[21]

14 Conermann 2006, S.83.
15 Ebd., S. 83 ff.
16 Ebd., S. 87.
17 Kulke & Rothermund 2011, S. 264.
18 Ebd., S. 266.
19 Rothermund 2002, S. 46.
20 Ebd.
21 Conermann 2006, S. 114 f.

Farrukh Siyar wurde Mogulherrscher, jedoch kam es zu großen Streitigkeiten um die Herrschaft, sodass er 1719 abgesetzt und geblendet wurde.[22] Von 1719 bis 1748 regierte Muhammad Shah, der letzte Mogulherrscher. 1738 besetzte der iranische Machthaber Nadir Shah Afshar die Regionen westlich des Indus. Als sich Muhammad Shah ihm in der Nähe von Delhi stellt, verlor er den Kampf und somit die Gebiete.[23] Es folgten viele Aufstände und das Mogulreich teilte sich in Fürstentümer, was das Ende der Mogulherrschaft war.[24] Die East India Company expandierte die militärische Dominanz und der Punjab wurde Kriegsgebiet von Persern, Afghanen, Briten und Sikhs. Jeder versuchte auf dem Gebiet das eigene Imperium aufzubauen.[25]

3. Die Lage der Sikhs während der Mogulherrschaft

Der Sikhismus entstand im 15. Jahrhundert und wurde von Guru Nanak Dev begründet. Dieser machte nach seinem Erwachungs-Erlebnis die Erkenntnis: „Es gibt keine Hindus, es gibt keine Muslime, es gibt nur Geschöpfe Gottes." Seine Lehren waren für alle Menschen. Es wurden Elemente aus dem Hinduismus und dem Islam übernommen. Ein Beispiel dafür wäre das Gottesbild im Sikhismus. Es wird daran geglaubt, dass Gott, weder männlich noch weiblich ist, das höchste Wesen ist, transzendent ist und zeitlos gegenwärtig ist.

Der Sikhismus hat viele Anhänger, die Muslime oder Hindus waren, welche sich während des Mogulreichs zum Sikhismus bekannt haben. Ein weiterer Punkt, den man beachten muss, ist, dass Sikhs wegen der Ähnlichkeit zum Hinduismus, oftmals als Hindus gesehen wurden. *„The Sikhs, [...], were a community of diverse ethnic and social groups coming from diverse religious cults and social institutions but all within the broad framework of what is commonly known as Hinduism and the Hindu way of life [...]."*[26] Aus diesem

---

22 Ebd.
23 Ebd., S. 115 ff.
24 Ebd., S. 120.
25 Singh, Nikky-Guninder Kaur: Sikhism, London: IB Taruris, 2011, S. 127.
26 Ray, Niharranjan: The Sikh Gurus and the Sikh Society, New Delhi: Munshiram Manoharlal Publishers, 1975, S. 100.

Grund kann man davon ausgehen, dass einige Herrscher Sikhs als Hindus sahen und diese auch als solche in ihren Biographien schilderten, wie es zum Beispiel bei Jahangir der Fall ist, worauf später eingegangen wird.

3.1. Sikhs unter dem Herrscher Akbar (1556-1605)

Wenn man sich die religiöse Sicht von Akbar anschaut, erkennt man das seine Herrschaft von religiöser Toleranz geprägt war. Er war als „gerechter Herrscher" bekannt.[27] Akbar schaffte die sehr problematisch gesehene *jizya*, die Kopfsteuer für Nichtmuslime, und die Pilgersteuer ab, welche von Nichtmuslimen als Diskriminierung angesehen wurde.[28] Darüber hinaus hatte er großes Interesse an Religionen,[29] spezielle auch an hindu-brahmanischer Philosophie und Mythen, was auch erklärt, dass er an mystisch-esoterischen religiösen Kulten vom Islam und Hinduismus teilnahm.[30] Seine Regierungszeit wurde von Respekt und Vertrauen beeinflusst, welche aus diesem Grund als Zeit des Friedens und der Harmonie durch die religiöse Freiheit gesehen wird.[31] Akbars bestreben, Hindus und Muslime durch Toleranz und Akzeptanz zu vereinen,[32] brachte ihn zur *Dîn-i-Ilâhî*. Mit diesem Religionslehre wollte er den universellen Religionsfrieden herstellen, indem alle Konfessionen innerhalb des Mogulreichs vereint werden. Akbar wollte den Islam nicht reformieren, sondern durch die Ausarbeitung der Nachteile eine neue Religion entwickeln, die für die gesamte Bevölkerung ist. Nach 1570 führte der Herrscher regelmäßige Sitzungen mit Religionsgelehrten durch, in denen über religiöse Konzepte und Vorstellungen gesprochen wurde. Diese Sitzung wurde dann nach 1578 auch für Nichtmuslime geöffnet.[33] In einigen Quellen wird diese Toleranz und die Suche nach dem Gespräch mit Menschen Akbars

---

27 Kulke & Rothermund 2010, S. 261.
28 Grewal, J.S., „The Sikh Movement During the Reign of Akbar", in: I. Habib (Hg.), *Akbar and his India,* New Delhi, Oxford University Press 1997, S. 253.
29 Cole, W. Owen & Sambhi, Piara Singh: The Sikhs, 2. Aufl., London: Routledge, 1989, S. 21.
30 Ray 1975, S. 14.
31 Cole & Sambhi 1989, S. 24.
32 Ebd., S. 21.
33 Conermann 2006, S. 54 ff.

auf sein Analphabetismus zurückgeführt. Da er nicht lesen konnte, konnte er sich keine Weisheit aus Büchern aneignen und musste die Diskussion mit Menschen aufsuchen, um sich weiterbilden zu können und seine Neugier zu stillen.[34]

Man erkennt bei Akbar generell, dass er für andere Religionen und Ethnien offen war und diese nicht eingrenzte, was auch der Grund für seinen Erfolg als Herrscher gesehen wird.

Wenn wir Akbars Beziehung zum Sikhismus betrachten, müsste als erstes genannt werden, dass er mit dem 3., 4. und dem 5. Guru Kontakt hatte,[35] also war er relativ am Anfang des Sikhismus mit daran beteiligt, diese Religion entstehen zu lassen, da es Religionsfreiheit unter seiner Herrschaft gab. Er war gegenüber dem Sikhismus nicht abgelehnt, dass erkennen wir daran, dass er 1565 auf dem Weg nach Lahore Guru Amar Das besuchte und sich respektvoll gegenüber dem Guru verhielt. Er speiste zusammen mit den Sikhs und als der Guru Akbar umarmen wollte, verbeugte sich Akbar aus Respekt vor ihm, um seine Füße zu berühren. In einigen Quellen heißt es: „Der Monarch empfand durch die heilige Berührung eine Welle von Freude und Frieden."[36] Dies würde dafür sprechen, dass er gegenüber den Sikhs Sympathie empfand. Dem 4. Guru Ram Das gab er die Stadt Ramdaspur, später Amritsar genannt. Dieser Ort etablierte sich als Zentrum der Sikhs,[37] wieder unter Akbars Herrschaft. Auch den 4. Guru Arjan Dev besuchte Akbar regelmäßig. Er gab der Sikh-Gemeinschaft und dem Guru Geschenke, Schutz und Unterstützung.[38] Außerdem brachte Akbar die Menschen für interreligiösen Dialog zusammen.[39] Während des toleranten Regimes von Akbar, konnte Guru Arjan die Sikh Identität definieren, indem er die Aussage Guru Nanaks ausarbeitete. Guru Arjan identifizierte Sikhs weder als Muslime noch als Hindus, sondern dass alle die „Gott" im Herzen haben Sikhs wären.[40]

---

34 Kulke & Rothermund 2010, S. 256.
35 Cole & Sambhi 1989, S. 21.
36 „Sikh religion", Phoenix, Arizona: Sikh Missionary Center, 1990, S. 90 f.
37 Schimmel, Annemarie: Im Reich des Großmoguls, München: C.H. Beck, 2000, S. 137.
38 Jakobsh, Doris: Sikhism, USA: University of Hawai'i Press, 2012, S. 28.
39 Singh, Nikky-Guninder Kaur: Sikhism, London: IB Tauris, 2011, S. 27.
40 Ebd., S. 28.

Die Sympathie Akbars gegenüber den Gurus schütze die Gemeinschaft gegen ihre Gegner,[41] sodass sie sich entfalten konnten und sich entwickelten.

Ein weiterer Punkt, der durch Akbar eingeführt wurde, war das verewigen der Sikh Gurus auf Portraits im Mogulstil. Gurus wurden wie Mogul Prinzen von Künstlern der Mogul Schulen gezeichnet. In Kleidung und Pose wurden die Gurus so nobel wie die Herrscher auf Leinwänden verewigt.[42] Daran erkennt man, dass Akbar Gurus einen bestimmten Status gab, die seinem glich. Sie sollten nicht vergessen werden und durch das Verewigen geehrt werden.

Im Großen und Ganzen kann man also sagen, dass der Sikhismus zur Herrschaftszeit Akbars eine sehr gute Zeit hatte. Es galt Religionsfreiheit und durch die tolerante Annäherung Akbars, konnte sich jede Religion frei weiterentwickeln. Ein weiterer Punkt ist natürlich, dass der Herrscher durch diese Sicherung des Friedens den Wachstum des Wohlstandes garantieren konnte.[43]

3.2. Sikhs unter Jahangir und Shah Jahan (1605-1658)

Unter Jahangir blieben einige Einführungen Akbars bestanden. Zum Beispiel wurde die *Dîn-i-Ilâhî* von Akbar weitergeführt und auch die nichtmuslimischen Feiertage und Zeremonien blieben im Kalender.[44] Außerdem hatte Jahangir die gewaltsame Konversion zum Islam verboten,[45] woran wir die Religionsfreiheit unter Jahangir erkennen. Gegenüber dem Hinduismus hatte Jahangir eine Neugier und Bewunderung und zugleich auch Ablehnung. Allerdings lernte er durch Gespräche mit Yogis die Lehren über den Hinduismus,[46] was er in seiner Biographie schildert. Diese Neugier könnte natürlich auch damit zusammenhängen, dass eine seiner Frau den Hindu Glauben hatte.

---

41 Grewal 1997, S. 243.
42 Singh 2011, S. 164 ff.
43 Grewal 1997, S. 253.
44 Conermann 2006, S. 76 f.
45 Ebd., S. 77.
46 Ebd., S. 80.

Eine bestimmte Haltung des Herrschers gegenüber dem Sikhismus ist nicht bekannt. Jedoch kommt es direkt am Anfang seiner Herrschaftszeit zu einem Konflikt mit Guru Arjan Dev. Und zwar forderte Jahangirs Sohn Khusraw die Gebiete des Punjab und Afghanistan von seinem Vater, welcher dem nicht zustimmt. Somit floh Khusraw nach Afghanistan und besucht auf dem Weg dorthin Guru Arjan, den er bereits mit seinem Großvater Akbar besucht hatte. Der Guru kannte Khusraw, erkannte seine Notlage und gab ihm Geld für die Reise nach Afghanistan, trotz des Risikos, in was er sich begab.[47] Nun kam ein Finanzberater Akbars, Chandu Lal, ins Spiel. Dieser wollte seine Tochter mit Har Gobind, dem Sohn des Guru Arjans, vermählen. Jedoch hatte Chandu Lal schlecht über den Guru gesprochen und die Sikh-Gemeinschaft war gegen diese Ehe. Weil Har Gobind nun die Tochter Chandu Lals nicht heiraten wollte, war Chandu Lal verärgert.[48] Aus diesem Grund nutzte er die Situation zwischen Khusraw und Guru Arjan aus und behauptete, der Guru hätte Khusraw die Herrschaft des Mogulreichs versprochen. Weiterhin meinte er, der Guru verfasse den Adi Granth, indem er Hindus und Muslime ins lächerliche zog.[49] Jahangir war wütend, dass der Guru seinen Rivalen unterstütze und hatte bereits vorher ein Misstrauen gegenüber Guru Arjan, da er einen großen Einfluss auf die Bevölkerung seiner Region hatte.[50] In Folge dessen wurde Guru Arjan verhaftet und hingerichtet. Er zählt als der 1. Märtyrer im Kampf gegen die Moguln,[51] obwohl es eigentlich ausschließlich politische Gründe für die Hinrichtung gab. Hinzu kam die verstärkte Militarisierung der Sikh-Gemeinschaft.[52] Jahangir hatte somit eine negative Einstellung gegenüber den Hindus nach diesem Konflikt, da er Hindus und Sikhs verwechselte, bzw. den Unterschied nicht kannte.[53] Dies erkennen wir an folgender Stelle in der *Jahangirnama*, in dem er unter anderem erklärt, warum Guru Arjan hingerichtet wurde:

---

47 „Sikh religion" 1990, S. 122 f.
48 Ebd., S. 120 ff.
49 Ebd., S. 124.
50 Jakobsh 2012, S. 28.
51 Singh 2011, S. 39.
52 Schimmel 2000, S. 138.
53 „Sikh religion" 1990, S. 124.

„There was a Hindu named Arjan in Gobindwal [...]. Pretending to be spiritual guide, he had won over as devotees many simpleminded Indians and even some ignorant, stupid Muslims by broadcasting his claim to be a saint. They called him guru. [...] For a long time I had been thinking that either this false trade should be eliminated or that he should be brought into the embrace of Islam. At length, when Khusraw passed by there, this inconsequential little fellow wished to pay homage to Khusraw. [...] Giving him some elementary spiritual precepts picked up here and there, he made a mark with saffron on his forehead, [...]. When this was reported to me, I realized how perfectly false he was and ordered him to brought to me."[54]

Man erkennt vor allem, dass Guru Arjan der Intoleranz und der Unmenschlichkeit Jahangirs zum Opfer fiel.

Der Nachfolger Guru Arjans, sein Sohn Har Gobind, veränderte die Sikh-Gemeinschaft. Weiterhin wuchs die Zahl der Anhänger und eine administrative Ordnung war nicht zu umgehen. Diese Aktivitäten des Guru bekam der Herrscher mit und der Guru wurde inhaftiert. Es wird gesagt, dass der Herrscher ihn als Konkurrenz wahrnahm. Während der Haft gewann der Guru jedoch den Gefallen des Herrschers und wurde freigelassen. Für den Rest der Herrschaft Jahangirs konnten die Sikhs ihre Religion frei ausleben.[55]

Bei der Verhaftung Guru Har Gobinds ist zu erkennen, dass Jahangir ihn und seinen Einfluss auf die Gemeinschaft als Bedrohung für seine Machtposition sah[56] und ihn deswegen verhaften ließ, ohne weitere Gründe zu haben.

Allerdings änderte sich Jahangir durch die Gespräche mit nichtmuslimischen Heiligen, wie zum Beispiel dem Sanyasi Asket Gusayn Jadrup. Aus seiner Biographie kann man entnehmen, dass er mit diesem über Unterschiede und Gemeinsamkeiten zwischen Hinduismus und Islam sprach und dadurch gegenüber anderen Religionen toleranter wurde.[57]

Zusammenfassend kann man sagen, dass Jahangir gegenüber Religionen tolerant war, wie sein Vater Akbar, da er auch viele Erneuerungen Akbars

---

54 „The Jahangirnama", New York: Oxford University Press, 1999, S. 59.
55 Jakobsh 2012, S. 29 f.
56 Singh 2011, S. 39.
57 Conermann 2006, S. 80.

weiterführte. Allerdings konnte er auch ganz anders sein, wenn es um seine Machtposition ging oder wenn er mit Ritualen und Bräuchen nicht einverstanden war. Dann hatte er eine sehr negative Reaktion auf die Gemeinschaften, wie zum Beispiel Hinrichtungen oder Tempelzerstörungen.

Shah Jahan dagegen gab der Forderung der orthodoxen Muslime nach einer Rückkehr zu den Normen der Scharia nach. Er ließ die Gottesreligion Akbars nicht weiterführen und ersetzte diese mit islamischen Bräuchen. Außerdem verbot er den Bau und die Restauration nicht muslimischer Tempel. Jedoch stellte er, trotz der Islamisierung des Mogulreichs, viele Hindus in höheren Verwaltungsämtern ein.[58] Zu einem Konflikt zwischen Shah Jahan und Guru Har Gobind kam es an einem Tag, wo beide im selben Gebiet auf der Jagd waren. Dabei flog der Habicht Shah Jahans in die Hände der Gefolgschaft Guru Har Gobinds. Als die Soldaten des Herrschers kamen, weigerte sich die Gefolgschaft, den Habicht zurückzugeben, da die Truppe Shah Jahans gegenüber ihnen voller Arroganz sprachen. Dabei kam es zu einem Streit zwischen den beiden Gruppen.[59] In einer Quelle heißt es: *„Die königlichen Soldaten wurden in einem Gemetzel vertrieben. Sie eilten zurück und erstatteten dem Imperator Bericht über den Sikh, der den Habicht ergriffen hatte und auch über die Gewalttätigkeit der Sikhs. [...] Der Imperator sandte Mukhlis Khan, einen seiner getreuen Generäle mit siebentausend Soldaten, um die Sikhs zu bestrafen."*[60] Daraufhin erhält Shah Jahan die Botschaft über den Tod Mukhlis Khans und die Niederlage seine Truppe, worauf er den Guru gefangennehmen und hinrichten möchte. Jedoch wird er von Wazir Khan umgestimmt mit der Erklärung, anhand des Verhaltens des Guru erkenne man, dass er keine Konkurrenz sei, da er sonst Gebiete in Besitz genommen hätte. Diese Annahme wurde von den Freunden des Gurus am Hof bestätigt, sodass Shah Jahan seine Meinung änderte und entschied, *„die Vergangenheit hinter sich zu lassen"*.[61]

---

58 Ebd.
59 Jakobsh 2012, S. 30.
60 „Sikh religion" 1990, S. 141.
61 Ebd., S. 144.

In einer anderen Quelle heißt es, nach dem Streit zwischen den Soldaten des Herrschers und der Sikhs wurden zwei Pferde des Gurus beschlagnahmt, welche durch einen Diener des Gurus zurückerobert wurden. Daraufhin zog Guru Har Gobind mit seiner Gefolgschaft von Ramdaspur zu den Shivalik Hügeln, um solchen Auseinandersetzung aus dem Weg gehen.[62]

Einige Jahre danach 1649, gab Shah Jahan Dhir Mal, dem Enkel Guru Har Gobinds, ein einnahme-freies Land in Kartarpur, wo er sein eigenes Zentrum aufbauen konnte, obwohl Dhir Mal kein offizieller Nachfolger Guru Har Gobinds war. Er hatte trotzdem seine Anhänger, die ihm folgten.[63] Man erkennt an diesen Vorfällen, dass Shah Jahan eigentlich nicht intolerant gegenüber Religionen ist, obwohl er den Forderungen der orthodoxen Muslime nachgeht. An seinen Handlungen ist kein Hass oder keine Ablehnung gegenüber religiöser Gemeinschaften zu bemerken. Dies wird auch bei den Einstellungen seiner beiden Söhne Dara Shukoh und Awrangzeb deutlich, welche einander genaue Gegenteile waren. Awrangzeb war strikt konservativ und Dara Shukoh hatte eine offene, liberale Gesinnung. Man könnte hieraus schließen, dass Shah Jahan im Gleichgewicht zwischen konservativ und liberal war und dementsprechend sich seine Söhne entwickelt haben.

Dara Shukoh wirkte in religiösen Bereichen und hatte das Ziel Hinduismus und Islam zusammenzuführen. Diese Synthese wollte er mit der Benennung der Gemeinsamkeiten zwischen Hinduismus und Islam herstellen. Dabei boten Hindus, wie zum Beispiel Kabir, einen Mittelweg. Der Hindu-Gott Rama durfte als eigenschaftsloser Gott von Hindus und Muslimen zugleich angebetet werden. Außerdem teilten zu dieser Zeit Muslime und Hindus Bräuche, Zeremonien und Glaubensinhalte miteinander, sodass sich Toleranz und Nachsicht in der Gemeinschaft verbreitete.[64]

62 Jakobsh 2012, S. 30.
63 Fenech, Louise E.: The Sikh Zafar-Namah of Guru Gobind Singh, New York: Oxford University Press, 2013, S. 108.
64 Schimmel 2000, S. 45 ff.

3.2. Sikhs unter dem Herrscher Awrengzeb (1658-1707)

Unter der muslimischen Herrschaft gab es Perioden, wo Hindus die Toleranz und Sicherheit genossen haben und unter denen sie auch zum Fortschritt in Literatur und Kunst geführt wurden, wodurch sich das Reich ausbreitete. Einige Historiker führen die Stabilität eines Reiches auf das Gleichgewicht der Gemeinschaft zurück. Dieses Gleichgewicht kann nur durch den Machtwechsel zu einem andersdenkenden Herrscher gebrochen werden.[65] Genau darauf haben diese den Zerfall des Reiches Awrangzebs zurückgeführt, da seine Religionspolitik die Gemeinschaft brechen ließ. Natürlich kamen auch andere Aspekte dazu, wie zum Beispiel die Überdehnung des Mogulreichs.[66] Jedoch erkennt man bei der Herrschaft Awrangzebs, welche Rolle die Religionsfreiheit hat und wie wichtig es ist.

Awrangzebs Herrschaft zeichnete sich mit dem Ziel der Errichtung eines orthodoxen islamischen Staats aus, welche das Ideal anstrebte, dass die Bevölkerung nach dem islamischen Prinzip leben sollte.[67] Aus diesem Grund kehrte er sich von der toleranten Politik seiner Vorfahren ab. Er schaffte 1679 die *jizya* wieder ein, welche seit Akbars Regierungszeit nicht mehr eingeführt wurde.[68] Es wurden unislamisch gesehene Traditionen und Bräuche beseitigt und unislamisch gesehene Schriften, wie die Hofchronik, weggeschafft.[69] Ein weiterer Schritt war, dass alle die den Islam nicht praktizierten als Gegner galten und bekämpft wurden. Dazu zählten auch Sikhs, Sufis und Shia Muslime. Sogar Awrangzebs Bruder Dara Shukoh wurde hingerichtet, weil er Hinduismus und Islam verschmelzen wollte.[70] Dabei machten Verbote, wie zum Beispiel das Heiratsverbot oder der Verbot der gemeinsamen Rituale, die Verbindung zwischen Hindus und Muslime unmöglich.[71] 1669 ließ er alle nichtmuslimischen Tempel, die in den Jahren zuvor errichtet oder wiederhergestellt wurden, zerstören.[72] Hinzu kam, dass Awrangzeb 1672 die

---

65 Sarkar, J.: A short History of Aurangzib, Delhi: Orient Blackswan, 2009, S. 122 f.
66 Rothermund 2002, S. 44.
67 Sarkar 2009, S. 122.
68 Kulke & Rothermund 2010, S. 266.
69 Conermann 2006, S. 107 ff.
70 Singh 2011, S. 43.
71 Sarkar 2009, S. 371.
72 Conermann 2006, S. 110.

an Hindus vergebenen Länder zurücknahm und sie an islamische Religionsgelehrte abgab.[73] Davor hatte er eine Reformation der Warenzöllen innerhalb des Mogulreichs angeordnet. Ab 1665 mussten Muslime 2,5% Warenzoll zahlen und Hindus doppelt soviel. Weiterhin wurden Hindus vom Staatsdienst entlassen und Muslime wurden eingestellt.[74] Man erkennt an diesen Gesetzen und Anordnungen, wie sehr Nichtmuslime ausgegrenzt und in ihrer Freiheit eingeschränkt wurden. Dagegen wurden Muslime, die nach Awrangzebs Meinung den Islam richtig ausübten, begünstigt. Es wird deutlich, dass sich Awrangzeb von seinen Vorfahren und deren Einstellung abwendet und keinen genealogischen Bezug zu ihnen braucht, da die muslimische Herrschaft in Indien weit verbreitet war. Somit braucht seine Herrschaft keine Legitimation seiner Vorfahren.

Seine Abneigung galt auch gegenüber der Sikh-Gemeinschaft. Er rief Guru Har Rai zu sich zum Hof, um einige Fragen zu stellen. Dieser aber schickte seinen ältesten Sohn Ram Rai zu ihm. Awrangzeb fragte nach einer Erklärung eines Verses in den Sikh-Schriften, die gegen Muslime war. Ram Rai änderte den Wortlaut des Verses, damit er Awrangzeb nicht verärgerte. Aus diesem Grund wurde Ram Rai vom Herrscher begünstigt und bekam ein einnahme-freies Land in den Shivalik Hügeln, wo er ein Zentrum eröffnen konnte und sich zum Guru ausrief. Allerdings bekam Guru Har Rai von dieser Tat seines Sohnes mit und war verärgert, dass er von seiner Religion abgewichen war und ernannte seinen jüngeren Sohn, Har Krishan, zu seinem Nachfolger.[75]

Ein weiteren Vorfall mit dem Herrscher hatte der Guru Tegh Bahadur. Als er zum Guru ernannt wurde, konsolidierte er die Sikh-Gemeinschaft, fügte neue Hymnen dazu und schrieb Gedichte, in denen er den Mut, der Leute die den wahren Weg folgten, lobte. Jedoch interpretierte Awrangzeb diese Erneuerungen als eine Rebellion gegen seine Herrschaft. Guru Tegh Bahadur wurde nach Delhi gerufen, wo er 1675 hingerichtet wurde. Laut Sikh-Quellen hatte die Hinrichtung andere Gründe. Und zwar heißt es, Awrangzeb verlangte von einer Gruppe Brahmanen von Kaschmir die Konversion zum

---

73 Ebd., S. 109.
74 „Sikh religion" 1990, S. 184.
75 Jakobsh 2012, S. 31.

Islam. Diese kamen mit diesem Problem zu Guru Tegh Bahadur, welcher den Herrscher herausfordert und sagte, zuerst müsse Awrangzeb ihn zwingen zu konvertieren. Wenn ihm das gelinge, würden die Brahmanen auch konvertieren, aber wenn ihm das nicht gelinge, würden die Brahmanen ihren eigenen Glauben behalten. Nachdem der Guru sich der Forderung Awrangzebs weigerte, wurde er hingerichtet.[76]

Der Nachfolger des Guru Tegh Bahadur war sein Sohn Guru Gobind Singh. Nach der Hinrichtung entstanden viele Aufstände unter der Sikh-Gemeinschaft gegen Awrangzebs Regierung. 1699 gründete Guru Gobind Singh die Khalsa, die Gemeinschaft der Reinen, welche das Ziel der eigenen Verteidigung und der Beendigung der muslimischen Herrschaft in Indien folgten.[77] Da die Sikh-Gemeinschaft wuchst und Eigenständigkeit gewann, wurde an ihrer Loyalität gezweifelt und Gouverneure des Mogulreichs ließen Angriffe gegen die Sikhs im Namen des Herrschers anordnen. Im Kampf gegen die Mogulkämpfer starben zwei Söhne Guru Gobind Singhs und seine Mutter starb im Gefängnis der Moguln. Daraufhin schrieb der Guru dem Herrscher einen Brief, die *Zafar-nāma*. In diesem Brief schrieb er über die Grausamkeiten der Gouverneure des Reiches.[78] Weiterhin kritisierte Guru Gobind Singh die Interpretation des Islam von Awrangzeb und sein Verhalten gegenüber Nichtmuslime.[79] Außerdem tadelte der Guru den Herrscher, da dieser sein Versprechen, dass die Sikhs in Anandapur in Sicherheit sein würden, nicht gehalten hatte, obwohl das Versprechen auf einer Koran Kopie verschriftlicht wurde.[80] Zum Schluss schlug der Guru ein Treffen mit ihm vor. Es wird gesagt, dass Awrangzeb wie folgt handelte: *„Upon reading it and becoming privy to the malignant activities of his administrators who acted on his behalf, the emperor felt a deep remorse [...] and immediately dispatched a written order (a farmān in this case, Mughal records tell us) [...]."*[81] Awrangzeb lud Guru Gobind Singh zum Hof ein. Jedoch bevor das Treffen der

---

76 Ebd., S. 33.
77 Schimmel 2000, S. 138.
78 Jakobsh 2012, S. 38.
79 Ray 1975, S. 49.
80 Fenech 2013, S. 18.
81 Ebd., S. 19.

beiden stattfinden konnte, verstarb Awrangzeb.[82] Stattdessen traf Guru Gobind Singh auf dem Weg zu Awrangzeb, dessen Sohn Bahadur Shah. Bahadur Shah wurde vom Guru vor dem Gefecht um die Nachfolgerschaft von Awrangzeb gesegnet und lernte die Lehren des Guru.[83] Bahadur Shah „[...] versprach dem Guru, dass er ein gerechter Herrscher werden würde und die Hindi und die Moslems gleich behandeln würde und all die schlechten Taten seines Vaters gut machen werde."[84] Nachdem Bahadur Shah der neue Herrscher wurde, reiste er mit Guru Gobind Singh nach Dekkhan, wo der Guru, nachdem sie sich getrennt hatten, von Neidern, die die Versöhnung der Sikhs mit den Moguln nicht gönnten, erstochen wurde.[85] Es wird deutlich, dass die Sikhs unter Awrangzeb eine sehr schlimme Zeit hatten, da er aggressiv gegenüber Nichtmuslimen und somit auch der Sikhs reagierte. Sie konnten ihre Religion nicht frei ausüben und mussten viele Kriege gegen die Moguln führen. Trotz Verträge zum Schutz der Sikh-Gemeinde, die Guru Gobind Singh mit dem Herrscher einging, wurden sie angegriffen und getötet, woran zu sehen ist, in welcher Lage sich Sikhs befanden, da sie nichts tun konnten, außer sich militärisch zu verteidigen. Man erkennt zwar gegen Ende Awrangzebs, dass er seine Politik und sein Verhalten im Namen des Islam bereut und mit dem Guru sprechen möchte, natürlich nachdem der Guru ihm seine Meinung sagt, jedoch endet seine Ära kurz nach dieser Erkenntnis und somit ist es nicht möglich, aus seinem Verhalten eine Veränderung oder Einsicht zu sehen. Da sein Sohn Bahadur Shah eine unkonventionelle Einstellung hatte, erkannte er die schlechten Taten seines Vaters und versuchte diese zu verbessern. Er versuchte die Sikh-Gemeinschaft wieder in die Gesellschaft des Reiches einzubeziehen und pflegte eine regelmäßige Beziehung zum Guru.

---

82 Ebd., S. 20.
83 Jakobsh 2012, S. 38.
84 „Sikh religion" 1990, S. 248.
85 Singh 2011, S. 54.

4. Fazit

Wenn man sich ausschlaggebenden Eigenschaften der Herrscher und ihre Auswirkung auf ihre Herrschaft näher betrachtet, erkennt man, was mögliche Gründe für die Entwicklung des Mogulreichs sein könnten.

Akbar hatte großes Interesse an Religionen und war weltoffen. Der Grund dafür könnte vielleicht an seinem Alter liegen, da er sehr jung Herrscher wurde. Sein Erfolg kann man auf seine Toleranz und seine interreligiösen Dialoge mit allen Menschen führen, da er somit die Bedürfnisse der Menschen kannte und dementsprechend die multikulturellen Gesellschaft wahrnahm. Aus diesem Grund musste er eine liberale Politik führen. Die Beziehung zu den Sikhs war sehr positiv, er besuchte sie häufig und unterstützte sie, was man darauf zurückführen kann, dass er bestrebt war, sie kennenzulernen und ihnen gegenüber deswegen offen und ohne Vorurteile war.

Jahangir folgte der Religionspolitik seines Vaters. Er selbst blieb beim Islam, aber hatte trotzdem Interesse an Religionen und Wissenschaft, was ihn offen und tolerant machte. Gegenüber der Sikh-Gemeinschaft hatte er keine religiösen Konflikte, allerdings politische Auseinandersetzung, die wohl möglich aus Missverständnissen entstanden. Er selber kannte den Sikhismus nicht direkt und lernte die Sikhs durch das Sagen anderer kennen. Obwohl man hierzu sagen müsste, es wäre seine Aufgabe als Herrscher, die Religionsgemeinschaften in seinem Reich zu kennen. Da er später, als der direkte Kontakt zum Guru entstand, eine positive Beziehungen zu ihnen hatte.

Auch Shah Jahan hatte keine religiösen Auseinandersetzung mit den Sikhs. Bei ihm entstanden die Probleme, wie bei Jahangir, durch die Überlieferung anderer, die den Herrscher negativ gegenüber dem Sikhismus prägten. Er selbst war konservativ und liberal zugleich und hatte konkret nichts gegen andere Religionen, da er dann bei seinem eigenen Sohn anfangen müsste, weil Dara Shukoh Islam und Hinduismus vereinen wollte.

Also kann man zusammenfassen, dass vor der Regierung Awrangzebs Sikhs keine religiösen Auseinandersetzung mit den Mogulherrschern hatten, nur Probleme aus weltlichen Ursachen, die in der Zeit von Jahangir begannen. Awrangzeb dagegen ist das Gegenbild zu Akbar, da er zwar das Reich ausdehnte jedoch strikt gegen die Toleranz Akbars handelte. Bei ihm erkennen wir, dass er im Namen seiner Religion und seiner orthodoxen Einstellung handelt und das Reich islamisiert und alle anderen Religionen einschränkt und bekämpft. Dies zeigt, dass er gegenüber Religionen außerhalb des Islam und sogar bei Muslimen, die seiner Meinung nach unislamisch handelten, intolerant ist und keinen Dialog anstrebt und sie nicht akzeptierte. Awrangzeb ist nicht offen für Neues oder für Wissenschaft, da er alles abschafft, was seiner Interpretation des Islam nach unislamisch ist. Somit findet unter ihm ein Rückgang des Fortschritts statt. Auch die Sikh-Gemeinschaft leidet darunter. Obwohl er durch die Konfrontation mit seinen Taten, die er durch die *Zafar-nāma* hat, Reue zeigt und sich auf ein Dialog mit dem Guru einlässt.

Um auf die Frage der Entwicklung der Toleranz der Sikhs im Mogulreich einzugehen, ist zu sagen, dass es am Anfang der Mogulherrschaft durch die totale Akzeptanz der Sikhs durch Akbar, der Sikhismus erst richtig entstehen konnte. Im weiteren Verlauf erkennen wir, dass die Toleranz durch politische Probleme zwar gestört wird, jedoch diese Probleme auch zum Binden der Sikh-Gemeinde führen und somit der Sikhismus sich etablieren kann. Da keine religiösen Probleme im Mittelpunkt stehen, lässt sich die Beziehung zum Herrscher nach Kontakt positiv wenden. Jedoch haben wir gegen Ende des Mogulreichs religiöse Konflikte zwischen Herrschaft und Sikh-Gemeinde, welches zwar durch die Militarisierung zur Veränderung und Anpassung des Sikhismus führt. Jedoch wird die Beziehung zwischen Herrschaft und Sikhismus sehr kritisch, was nur sehr spät aufgelöst werden kann und das nur durch die Bemühung des Guru Gobind Singh, der einen Schritt auf den Herrscher macht. Das Problem wird nicht wirklich aufgelöst, da die Kluft zwischen Sikhismus und Islam bis zur heutigen Zeit weiterhin entsteht und dies ist unter anderem auf den Zwang der Islamisierung des Landes unter Awrangzeb zurückzuführen.

5. Literaturverzeichnis

- Conermann, Stephan: Das Mogulreich, München: C.H. Beck, 2006.
- Cole, W. Owen & Sambhi, Piara Singh: The Sikhs, 2. Aufl., London: Routledge, 1989.
- Fenech, Louise E.: The Sikh Zafar-Namah of Guru Gobind Singh, New York: Oxford University Press, 2013.
- Grewal, J.S., „The Sikh Movement During the Reign of Akbar", in: I. Habib (Hg.), *Akbar and his India,* New Delhi, Oxford University Press 1997, S. 243-255.
- Jakobsh, Doris: Sikhism, USA: University of Hawai´i Press, 2012.
- Kulke Hermann & Rothermund, Dietmar: Geschichte Indiens, 2. Aufl., München: C.H. Beck, 2010.
- Ray, Niharranjan: The Sikh Gurus and the Sikh Society, New Delhi: Munshiram Manoharlal Publischers, 1975.
- Rothermund, Dietmar: Geschichte Indiens, München: C.H. Beck, 2002.
- Sarkar, J.: A short History of Aurangzib, Delhi: Orient Blackswan, 2009.
- Schimmel, Annemarie: Im Reich des Großmoguln, München: C.H. Beck, 2000.
- Singh, Nikky-Guninder Kaur: Sikhism, London: IB Taruris, 2011.
- „Sikh religion", Phoenix, Arizona: Sikh Missionary Center, 1990.
- „The Jahangirnama", New York: Oxford University Press, 1999.